chaften

Gute
Botschaften

für:

....

Schmelzen Sorgen
in der Sonne,
liegt es an der
Morgenwonne.

Das
Leben

Ich bin so knallvergnügt erwacht.
Ich klatsche meine Hüften.
Das Wasser lockt. Die Seife lacht.
Es dürstet mich nach Lüften.

Aus meiner tiefsten Seele zieht
Mit Nasenflügelbeben
Ein ungeheurer Appetit
Nach Frühstück und nach Leben.

Joachim Ringelnatz

Manche

Wünsche

haben wir in der Kindheit begraben,
still unter einen Stein gelegt.
Lange Zeit haben wir den Stein
noch heimlich besucht,
bis wir den Wunsch und
den Stein endlich vergaßen.
Eines Tages aber kommen
wir zufällig an dieser Stelle
im Garten vorbei und entdecken:
Der Stein lebt, Moos und Gras
wachsen darauf.

Theodor Fontane

Was du suchst, ist nicht auf den Gipfeln der Berge, nicht in den Tiefen der Meere, es ist in deinem Herzen.

Die
Neugier

hält mich lebendig – das Interesse an dem,
was die Begrenzung meiner Erfahrungen sprengt.
Sie lässt mich wachsen, indem sie mich an
meine Grenze bringt und darüber hinaus
sehen und gehen lässt. Denken, was undenkbar ist,
erfahren, was unfassbar erscheint – bis aus
der Fülle der Möglichkeiten sich ein neues Bild
der Wirklichkeit ergibt ... Was immer du tun und
erträumen kannst, du kannst damit beginnen.
In der Kühnheit wohnen Schöpferkraft,
Stärke und Zauber.

Johann Wolfgang von Goethe

Die
Liebe

ist bei den meisten Menschen
die erste bewegende Kraft, die
ihre Fähigkeiten entwickelt und dem trägen,
einförmigen Gange des gewöhnlichen
Lebens einen neuen raschen Schwung gibt.
Sie ist überhaupt das größte und notwendigste
Rad in der menschlichen Gesellschaft.
Was ist es anders, als die Liebe, um welche
sich das Interesse der ganzen Welt dreht?
Ist sie nicht der eigentliche Mittelpunkt,
um welchen alle Wünsche und
Pläne der Sterblichen laufen?

Ludwig Tieck

Türen sind dazu da,

aufgestoßen zu
werden und neue
Wege zu öffnen.

So
einfach

Wenn wir in unseren
eigenen Gedanken gefangen sind,
wenn scheinbar alle Möglichkeiten
durchdacht sind und sich alles im Kreis
dreht, geht es uns wie der Maus,
die in einem kleinen Raum immer
an der Wand entlang läuft,
um einen Ausgang zu finden.
Würde sie die Blickrichtung ändern,
könnte sie aus dem Fenster entkommen.

Manche
Menschen

wissen nicht, wie wichtig es ist,
dass sie einfach da sind.

Manche Menschen wissen nicht,
wie gut es tut, sie einfach zu sehen.

Manche Menschen wissen nicht,
wie tröstlich ihr gütiges Lächeln ist.

Manche Menschen wissen nicht,
wie wohltuend ihre Nähe ist.

Manche Menschen wissen nicht,
wie viel ärmer wir ohne sie wären.

Manche Menschen wissen nicht,
dass sie ein Geschenk des Himmels sind.

Sie wüßten es, würden wir es ihnen sagen!

Petrus Ceelen

Gute Botschaften sind Gedanken mit Flügeln, die nie ihr Ziel verfehlen.

Möge

das Glück

immer greifbar sein für
dich, mögen gute Freunde
immer in deiner Nähe sein,
möge dir jeder Tag der kommt
eine besondere Freude bringen,
die dein Leben heller macht.

Irischer Segenswunsch

Wenn ich Gutes tue,
fühle ich mich gut;
wenn ich Schlechtes tue,
fühle ich mich schlecht.
Das ist meine Religion.

Abraham Lincoln

Ein
Lächeln

Ich wünsche dir,
dass du deinen Tag lächelnd beginnen kannst,
in froher Erwartung all der vielfältigen Aufgaben,
die auf dich warten und all der Begegnungen,
die dir geschenkt werden;
dass du aber auch die nötige Geduld hast,
das zu ertragen, was dir lästig ist
oder was dir überflüssig erscheint.

Irischer Segenswunsch

Innere
Stimme

„Warum hast du es so eilig?"
fragte der Rabbi.
„Ich laufe meiner Lebendigkeit nach",
antwortete der Mann.
„Und woher weißt du", sagte der Rabbi,
„dass deine Lebendigkeit vor dir
herläuft und du dich beeilen musst?
Vielleicht ist sie hinter dir und
du brauchst nur innezuhalten".

Rabbi Meir von Rothenburg

Ein
guter Tag

Wenn der Tag vorüber ist,
denke ich an alles,
was ich getan habe.
Habe ich den Tag vergeudet
oder habe ich etwas erreicht?
Habe ich mir einen neuen Freund
gemacht oder einen Feind?
War ich wütend auf alle
oder war ich freundlich?
Heute Abend nehme ich mir vor:
Ich werde gut sein,
ich werde freundlich sein,
ich werde etwas tun,
was wert ist,
getan zu werden.

Indianische Weisheit

Es gibt Momente im Leben,

da passt einfach alles zusammen und du spürst: Jetzt kann nichts mehr schief gehen.

Lebe
im Moment

Sei einfach du und lasse deine Gefühle zu.
Wenn du ehrlich, offen und unvoreingenommen bist,
kannst du dir auch leisten, aus dem Bauch heraus zu handeln,
so, wie du es gerade für angemessen hältst.

Chinesisches Sprichwort

In
Gedanken

Weißt du eigentlich,
wie oft ich an dich denke?
So oft, wie die Wellen über den Strand rollen
denk ich an dich und dann freu ich mich
ganz doll auf unser nächstes Wiedersehen.

Menschen, die sich
im Herzen nahe sind,
lassen sich auch durch
tausend Meilen
nicht trennen.

Der
eine Weg

Wege fordern Bewegung,
machen uns Beine,
sind ausgetreten oder neu.
Sie führen uns zu vertrauten
Plätzen oder ins Ungewisse, sie
machen Hoffnung, bergen Spannung.
Wege verzweigen sich in Auswege,
Umwege, Irrwege, gerade
oder verschlungene Wege.
Am Ziel jedoch solltest
du sagen können:

I did it my way !

Vertrauen
Hoffnung
Spannung
Ausweg Neues
Liebe Wandel
Wegweiser
Herzlichkeit
Perspektive
Reiselust
Begeisterung
Sichtweise
Glücksgefühle
Wandlung
Flügel
Erfolgserlebnis
Aufgabe

Beste
Freunde

Wir können nicht
den exakten Moment benennen,
in dem eine Freundschaft entsteht.
Wie ein Krug, der Tropfen für Tropfen
gefüllt wird, bis ein letzter Tropfen ihn
zum Überlaufen bringt, so gibt es bei
einer Freundschaft eine Vielzahl von
Freundlichkeiten bis zu jener,
die das Herz zum Überlaufen bringt.

James Boswell

Erst die Freundschaft
macht uns zu
fühlenden Menschen.
Ohne Freunde wären wir
Blätter im Wind.

Liebe Träume

Erfahrung

Einzigartigkeit

Horizont

Sonnenstrahlen

Freiheit Unikat

Lebensfreude

Farben Schätze

Bewunderung

Wunderwelt

Außergewöhnlichkeit

Güte Zauber

Himmel

Helligkeit Licht

Freund

Lebe
dein Leben

Mögest du die Widersprüche
in der Welt auf dich wirken lassen
und die richtige Antwort für dich finden.
Mögest du lernen, deinem Selbst
ein guter Freund zu sein.

Irischer Segenswunsch

Es kann nur dann ein Lächeln aus dem Spiegel schauen, wenn ein Lächelnder hineinschaut.

Chinesisches Sprichwort

Was du liebst,
lass frei.
Kommt es zurück,
gehört es dir
für immer.

Konfuzius

Im
Wandel

Man muss nie verzweifeln,
wenn einem etwas verloren geht,
ein Mensch oder eine Freude
oder ein Glück; es kommt alles
noch herrlicher wieder.
Was abfallen muss, fällt ab;
was zu uns gehört,
bleibt bei uns, denn es geht
alles nach Gesetzen vor sich,
die größer als unsere Einsicht
sind und mit denen wir nur
scheinbar im Widerspruch stehen.
Man muss in sich selber leben und
an das ganze Leben denken,
an alle seine Millionen Möglichkeiten,
Weiten und Zukünfte,
dem gegenüber es nichts
Vergangenes und Verlorenes gibt.

Rainer Maria Rilke

Genieße
jeden Tag

Zu einem erfolgreichen Leben gehört,
dass wir immer wieder zwei
Gegensätze in wechselseitiger
Spannung zu halten wissen -
einerseits so langfristig zu planen,
als besäßen wir das ewige Leben
und andererseits uns
täglich so zu verhalten,
als müssten wir morgen sterben.

Leben ist das, was passiert,
während du eifrig dabei bist,
andere Pläne zu machen.

John Lennon

Jedes Ding
hat zwei Seiten –
und eine davon
ist immer
eine sonnige.

Kleine
Wunder

Ich wünsche dir
für jeden Sturm einen Regenbogen,
für jede Träne ein Lächeln,
für jede Sorge eine Aussicht
und eine Hilfe in jeder Schwierigkeit.
Für jedes Problem, das das Leben schickt,
einen Freund, es zu teilen,
für jeden Seufzer ein schönes Lied
und eine Antwort auf jedes Gebet.

Irischer Segenswunsch

Ein
Lichtstrahl

Es gibt viel Trauriges in der Welt
und viel Schönes.
Manchmal scheint das Traurige
mehr Gewalt zu haben,
als man ertragen kann;
dann stärkt sich indessen
leise das Schöne und
berührt wieder unsere Seele.

Hugo von Hoffmannsthal

Mut   Wärme
Lichtschein
Familie
Überraschung
Stille   Energie
Gemeinschaft   Nähe
Vielfalt
Frieden   Flucht
Verbindung
Seelenstärke
Leuchtkraft   Leben
Kerzenlicht
Zusammenhalt
Berührung
Erfahrung
Güte   Seele

Trauer kann nicht ewig brennen, der Atem der Lebensfreude bläst ihre Flammen aus.

Melodie
des Lebens

Alles ist vorherbestimmt,
Anfang wie Ende, durch Kräfte,
über die wir keine Gewalt haben.
Es ist vorherbestimmt für Insekt
nicht anders wie für Stern.
Die menschlichen Wesen,
Pflanzen oder der Staub,
wir alle tanzen nach einer
geheimnisvollen Melodie,
die ein unsichtbarer Spieler in
den Fernen des Weltalls anstimmt.

Albert Einstein

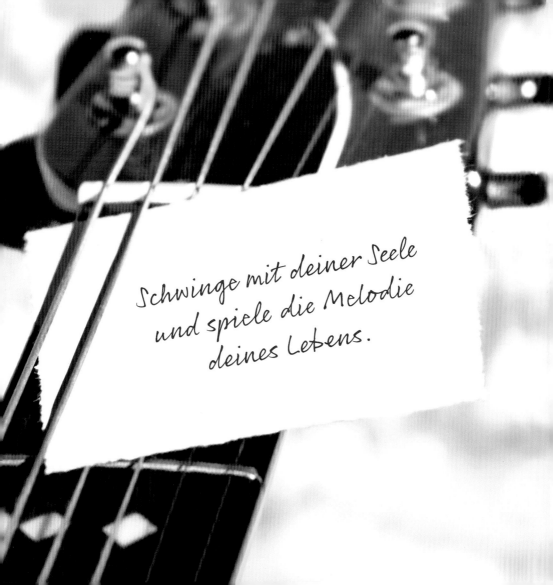

Das

Glück

des Lebens setzt sich
aus winzigen Kleinigkeiten zusammen –
den kleinen, bald vergessenen Wohltaten
eines Kusses oder Lächelns, eines
freundlichen Blicks, eines von Herzen
kommenden Kompliments –
zahllosen, unendlich kleinen Dosen
angenehmer und belebender Freuden.

Samuel Taylor Coleridge

So
unbeschwert

Ich wünsche dir, dass du arbeitest,
als würdest du kein Geld brauchen,
dass du liebst, als hätte dich noch nie jemand verletzt,
dass du tanzt, als würde keiner hinschauen,
dass du singst, als würde keiner zuhören,
dass du lebst, als wäre das Paradies auf Erden.

Irischer Segenswunsch

Glückliche

Erinnerungen

Mögest du Ruhe finden,
wenn der Tag sich neigt
und deine Gedanken noch
einmal die Orte aufsuchen, an
denen du heute Gutes erfahren hast.
Auf dass die Erinnerung dich wärmt
und gute Träume deinen Schlaf begleiten.

Irischer Segenswunsch

Idee + Konzept:

Werner Bethmann

Design:

Christin Bussemas

Bildnachweis:

Werner Bethmann

Textnachweis:

Seiten 10, 11, 13, 19, 22, 24, 25, 26, 27, 29, 36, 39,
41, 42: Werner Bethmann
Seite 12: © Petrus Ceelen

Inverkehrbringer: GW-Trading GmbH, Gütersloh
ISBN 978-3-86229-178-6
© Grafik Werkstatt "Das Original"
www.gwbi.de

Gute Bots